EMF3-0074
合唱楽譜＜スタンダード＞

STANDARD CHORUS PIECE

合唱で歌いたい！スタンダードコーラスピース

女声3部合唱

Stand Alone

作詞：小山薫堂　作曲：久石 譲　合唱編曲：田原晴海

••• 曲目解説 •••

司馬遼太郎の長編小説を原作とする、NHKスペシャルドラマ「坂の上の雲」メインテーマ。久石譲が手掛けたこの楽曲は、ドラマのスケールにふさわしい、壮大で感動的な一曲です。歌唱は、第1部ではソプラノ歌手のサラ・ブライトマン、第2部ではオペラ歌手の森麻季、第3部では久石譲の娘で歌手の麻衣が担当。希望に満ちあふれるような輝かしい歌声で歌い上げています。"凛として立つ"姿を歌った、美しくも力強く心に響く一曲を、女声3部合唱でご堪能ください。

Stand Alone

作詞：小山薫堂　作曲：久石 譲　合唱編曲：田原晴海

© 2009 by NHK Publishing,Inc. & WONDER CITY INC.

Stand Alone

作詞:小山薫堂

ちいさな光が　歩んだ道を照らす
希望のつぼみが　遠くを見つめていた
迷い悩むほど　人は強さを掴むから　夢をみる
凛として旅立つ　一朶(いちだ)の雲を目指し

あなたと歩んだ　あの日の道を探す
ひとりの祈りが　心をつないでゆく
空に　手を広げ　ふりそそぐ光あつめて
友に　届けと放てば　夢叶う
はてなき想いを　明日(あした)の風に乗せて

わたしは信じる　新たな時がめぐる
凛として旅立つ　一朶(いちだ)の雲を目指し

エレヴァートミュージックエンターテイメントはウィンズスコアが
展開する「合唱楽譜・器楽系楽譜」を中心とした専門レーベルです。

ご注文について

エレヴァートミュージックエンターテイメントの商品は全国の楽器店、ならびに書店にてお求めになれますが、店頭でのご購入が困難な場合、当社WEBサイト・電話からのご注文で、直接ご購入が可能です。

◎当社WEBサイトでのご注文方法
elevato-music.com
上記のURLへアクセスし、オンラインショップにてご注文ください。

◎お電話でのご注文方法
TEL.0120-713-771
営業時間内に電話いただければ、電話にてご注文を承ります。

※この出版物の全部または一部を権利者に無断で複製(コピー)することは、著作権の侵害にあたり、著作権法により罰せられます。

※造本には十分注意しておりますが、万一、落丁・乱丁などの不良品がありましたらお取り替えいたします。また、ご意見・ご感想もホームページより受け付けておりますので、お気軽にお問い合わせください。